CÓMO CUIDAR A TU

PERRITO

Escrito por Helen PIERS · Ilustrado por Kate SUTTON
Traducción: Noelia STARICCO

V&R
EDITORAS

Título original: *How To Look After Your Puppy*
Dirección editorial: Marcela Luza
Edición: Margarita Guglielmini con Nancy Boufflet
Armado: Nai Martínez

Argentina: San Martín 969 piso 10 (C1004AAS) Buenos Aires
Tel./Fax: (54-11) 5352-9444 y rotativas
e-mail: editorial@vreditoras.com

México: Dakota 274, Colonia Nápoles
CP 03810 - Del. Benito Juárez, Ciudad de México
Tel./Fax: (52-55) 5220-6620/6621 • 01800-543-4995
e-mail: editoras@vergarariba.com.mx

ISBN 978-987-747-393-3

Impreso en China • Printed in China
Marzo de 2018

Piers, Helen
   Cómo cuidar a tu perrito / Helen Piers ; ilustrado por Kate
Sutton. - 1a ed . - Ciudad Autónoma de Buenos Aires: V&R, 2018.
   32 p. : il. ; 21 x 17 cm.

   Traducción de: Noelia Staricco.
   ISBN 978-987-747-393-3

   1. Cuidado de Mascotas.
I. Sutton, Kate , ilus. II. Staricco, Noelia, trad. III. Título.
   CDD 636.089

¡Tu opinión es importante!

Puedes escribir sobre qué te pareció este libro
a **miopinion@vreditoras.com** con el título del mismo en el **"Asunto"**.

Conócenos mejor en: **www.vreditoras.com**
f facebook.com/vreditoras

CONTENIDO

Cachorros y perros como mascotas
4-5

El perro indicado para ti
6-7

Diferentes razas de perros
8-9

Prepárate para tu mascota
10-11

Comprar o adoptar un perrito
12-13

Llevar el perrito a casa
14-15

Entrenar a tu perrito
16-17

Alimentación
18-19

Entrenamiento de obediencia
20-21

Ejercicio al aire libre
22-23

Juegos para disfrutar juntos
24-25

Aseo
26-27

La salud de tu perrito
28-29

Nuevos perritos
30-31

Índice
32

CACHORROS Y PERROS COMO MASCOTAS

¡No podrías elegir una mascota más inteligente y cariñosa que un perro! Los perros fueron domesticados por primera vez hace más de cinco mil años, y han sido compañeros fieles de los humanos desde entonces.

Antes de adoptar un perro, es importante pensar en lo que implicará mantenerlo, y estar seguro de que podrás cuidarlo como corresponde y darle el tipo de vida que necesita y merece.

ALGUNAS COSAS QUE DEBES CONSIDERAR ANTES DE ADOPTAR UN PERRITO

🐾 ¿Podrá ejercitarse lo suficiente?

¿Hay un parque o algún espacio verde cerca de tu casa donde sea seguro dejar a un perro correr suelto?

🐾 ¿Tendrás el dinero para mantenerlo?

Recuerda que necesitarás pagar su alimento y las vacunas, y podría haber otras cuentas en el veterinario si se enferma.

🐾 ¿Tendrás tiempo para dedicarle?

Deberás alimentar a tu perro dos veces al día (o cuatro veces al día mientras sea un cachorro), entrenarlo y sacarlo a pasear.

🐾 ¿Pasará mucho tiempo solo?

Un perro puede quedarse solo durante algunas horas, pero se sentirá solitario e infeliz si está solo todo el día. Si todos en tu familia estarán fuera de la casa, en el trabajo o en la escuela, tal vez no sea una buena idea traer un perro a tu hogar.

🐾 ¿Qué harás con él si te vas de vacaciones?

¿Le pedirás a alguien que cuide de él? Los perros pueden quedarse en alguna guardería, o incluso, hay personas que se dedican profesionalmente a cuidar perros por un tiempo determinado, pero esas opciones suelen ser algo costosas.

EL PERRO INDICADO PARA TI

Los perros varían en tamaño, carácter y la cantidad de ejercicio que deben hacer cada día, así que es muy importante elegir el tipo de perro adecuado para ti y para tu hogar.

Deberás considerar si vives en el campo o la ciudad, cuánto tiempo tienes para encargarte del ejercicio y el aseo de tu perro, y cuál sería el tamaño de perro ideal para ti. Otra cosa a tener en cuenta es si hay niños en la familia. Algunas razas, como los labradores, suelen ser más pacientes con los bebés que otros perros.

¿Un cachorro o un perro adulto?

Si este va a ser tu primer perro, tal vez lo mejor sea empezar con un cachorro. Adoptar un perro callejero adulto en algún refugio de animales y darle un hogar es un gesto maravilloso y el perro podría resultar ser fiel y bien entrenado. Pero también existe la posibilidad de que haya sido tratado de manera cruel en el pasado y que, a causa de ello, tenga malos hábitos que sean difíciles de modificar. En ese caso, esa adopción requeriría también de cierta habilidad y experiencia.

¿Macho o hembra?

Cualquiera de las dos opciones es buena y ambas serán mascotas adorables. Los machos tienden a ser más independientes, a menos que hayan sido esterilizados (ver página 30).

¿PERRO DE RAZA, CRUZA DE RAZAS O MESTIZO?

Perros de raza y cruza de razas

Un perro de raza pura es aquel cuyos ancestros fueron todos de la misma raza. Un perro de cruza de razas es uno cuya madre es de una raza y su padre de otra. Los cachorros de raza son muy costosos de adquirir, pero la ventaja es que podrás hacerte a la idea de cómo se verá cuando sea más grande. Esto también sucede con algunos perros de razas cruzadas.

Mestizos

La procedencia de la familia de un perro mestizo es muy variada y es difícil de rastrear. Muchas veces no sabrás cuán grande será cuando crezca, o si tendrá mucha energía, o si será ruidoso o fácil, o no, de entrenar. Sin embargo, los mestizos pueden ser mascotas tan buenas como un perro de raza, y de hecho, muchas personas los prefieren. Tienden a ser perros más saludables y, por lo tanto, su crianza y cuidado resultan más económicos támbién.

DIFERENTES RAZAS DE PERROS

¡Hay más de cien razas diferentes de perros!

Diferentes razas de perros han sido criados para hacer un tipo particular de trabajo y esto se ve reflejado en sus personalidades. Por ejemplo, los sabuesos (usados para la caza) y los perros de trabajo (entrenados para arrear animales de granja) necesitan mucho espacio. Los perros terrier (criados para cazar presas en madrigueras) y los perros de caza (entrenados para trasladar aves de caza derribadas por sus dueños) son fieles y obedientes. Otras razas, como el Terrier tibetano y el Cavalier King Charles Spaniel, fueron criados como mascotas y acompañantes. También hay razas diminutas, que suelen ser demasiado delicadas para soportar juegos brutos.

COSAS PARA TENER EN CUENTA AL ANALIZAR LAS DIFERENTES RAZAS

 ¿Cuán grande podría llegar a ser cuando crezca?

 ¿Cuánto ejercicio deberá hacer?

 Si vives en la ciudad, ¿se adaptará bien a esa vida?

 ¿Necesita asearse regularmente?

 ¿Suele ser agresivo con otros perros o con extraños?

 ¿Cuán fácil será entrenarlo?

 ¿Es un perro tranquilo o ladra mucho?

Terrier tibetano

Tamaño: pequeño/mediano
Tipo: de compañía
*Muy sano, cariñoso y de buen temperamento
*Necesita cepillado diario

Beagle

Tamaño: pequeño/mediano
Tipo: de caza
*Alegre, muy sano, bueno con otras mascotas
*Necesita ser entrenado, o tenderá a deambular por ahí

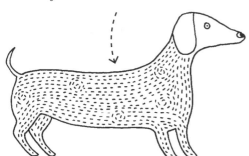

Cavalier King Charles Spaniel

Tamaño: pequeño
Tipo: de compañía
*De buen temperamento, alegre, limpio y obediente
*Necesita aseo regularmente

Dachshund (o perro salchicha)

Tamaño: pequeño
Tipo: de caza
*Fiel, cariñoso, divertido
*Suelen sufrir lesiones en la espalda, así que deberían tener prohibido cargar peso, y deben ser entrenados para evitar que salten sobre los muebles

Labrador retriever

Tamaño: medio
Tipo: de caza
*Cariñoso, fiel, de confiar
*Necesita hacer mucho ejercicio o aumentará de peso fácilmente

PREPÁRATE PARA TU MASCOTA

Tu nueva mascota se adaptará más rápido si todo está listo y acondicionado antes de que la lleves a casa.

Hasta que sepa cómo moverse por la casa, tal vez quieras que se quede en un solo cuarto la mayor parte del tiempo. Debe ser un cuarto cálido, cerca de la familia, y con un piso que sea fácil de lavar.

Tu perrito necesitará una cama en un rincón cálido de la habitación, no muy cerca del horno o la estufa. Coloca dentro papel periódico y luego una manta. Recuerda lo siguiente: si compras una cama para el tamaño de tu cachorro, pronto le quedará demasiado pequeña. Una caja de cartón podrá hacer de cama hasta que sepas, en verdad, cuánto más crecerá tu perro.

¡Los cachorros muerden todo lo que encuentran! Asegúrate de que no haya cables o cualquier otra cosa con la que pudiera llegar a lastimarse.

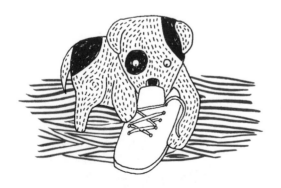

Asegúrate de que tu perrito no pueda salir al jardín, y en especial, asegúrate de que no pueda irse a la calle. Y tal vez necesites agregar una especie de alambrado para rodear cualquier estanque o piscina, al menos temporariamente.

TU MASCOTA NECESITARÁ...

Recipiente
para la comida

Recipiente
para el agua

Kit de aseo

BOBY

Muchos
periódicos

(para usar cuando
esté en la fase de
aprendizaje)

Juguetes

(para morder sin
correr riesgos)

COMPRAR O ADOPTAR UN PERRITO

Si quieres un perro de raza, puedes buscar a los criadores locales en las redes o en las revistas especializadas.

Asegúrate de ver al cachorro con su madre antes de realizar la compra, lo cual te dará una idea de cómo se verá y cómo se comportará una vez que crezca. Para hallar un perro mestizo o uno de cruza de razas, habla con amigos que ya tengan perros, o pídele consejo a algún veterinario o centro de refugio y rescate de confianza. Tómate el tiempo para elegir a tu mascota y recuerda que la apariencia no lo es todo: un perrito que se te acerca sin miedo y quiere jugar contigo será una elección mucho mejor que uno que salga corriendo a esconderse, ¡sin importar lo lindo que se vea! Es una práctica muy normal elegir un cachorro cuando solo tiene unas pocas semanas de vida y luego dejarlo con su mamá hasta los dos meses.

ALGUNAS PREGUNTAS IMPORTANTES QUE DEBERÍAS HACERTE AL MOMENTO DE ELEGIR UNA MASCOTA

🐾 ¿Está sano?

Una mascota sana debería estar siempre alerta y lista para jugar. Sus ojos deberán brillar (nada de manchas rojas u ojos llorosos) y su pelaje debe verse limpio, sin faltante de pelo ni lastimaduras. Sus orejas también deben estar limpias, sin depósitos de cera, y tampoco debe haber señales de diarrea (suciedad rodeando la cola).

🐾 ¿Cuál es su edad?

Lo mejor es adquirirlo cuando tiene entre 8 y 12 semanas. Para ese entonces, el cachorro será lo suficientemente independiente para dejar a su madre.

🐾 ¿A qué alimentos está acostumbrado?

Pregunta cuánto alimento deberás servirle y con qué frecuencia. Deberás seguir con esa dieta por un tiempo (ver páginas 18 y 19).

🐾 ¿Tiene un certificado de raza?

Si el perrito es de raza pura, deberían entregarte un certificado de pedigrí que muestre su fecha de nacimiento y su genealogía.

🐾 ¿Ha sido vacunado?

Si es así, el criador deberá entregarte un certificado. Si no, vacúnalo cuanto antes (ver página 28).

🐾 ¿Se le han buscado parásitos?

Si la respuesta es no, habla con el veterinario al respecto.

🐾 ¿Está acostumbrado a las personas?

Si tu hogar es un lugar ruidoso donde siempre hay gente, asegúrate de que el cachorro esté acostumbrado a un ambiente similar. De esa manera, encajará bien en tu familia.

LLEVAR EL PERRITO A CASA

El viaje

Necesitarás un bolso especial para transportarlo. Asegúrate de que sea cómodo y coloca una toalla dentro, para que absorba cualquier tipo de accidente durante el trayecto. Pídele a quien conduzca que vaya despacio y trate de evitar los pozos en la calle. Si el viaje es largo, deberás detenerte algunas veces para darle algo de tomar, y tal vez, algo de alimento también.

 Recuerda que no es seguro dejar que un cachorro camine por la calle antes de tener todas las vacunas, ya que podría contagiarse alguna enfermedad de otros perros.

¡Bienvenido a casa!

Cuando llegues a tu casa, muéstrale su cama, dale agua y algo de comer, y luego déjalo que explore el lugar a su propio ritmo. Los cachorros necesitan dormir mucho, así que, no lo sobre-exijas pidiéndole jugar contigo todo el tiempo.

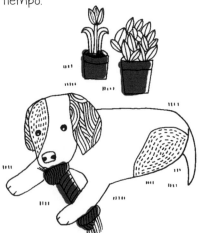

Instalarse

Si el clima es bueno, puedes sacarlo al jardín, pero no lo dejes allí fuera solo los primeros días, ya que podría haber ciertos peligros que tú aún no hayas notado. Ten mucho cuidado cuando presentes el nuevo integrante de la familia a otras mascotas. Demuéstrales mucho cariño y juega con ellas para evitar que se sientan dejadas de lado. Jamás deberías dejar al cachorro solo con las demás mascotas mientras sea muy chiquito.

Una botella de agua tibia y un reloj que haga el ruido del tic-tac harán que tu cachorro se sienta seguro.

La primera noche

Decide, desde un primer momento, si el perrito dormirá en tu cuarto o en algún otro rincón de la casa.

Recuerda: si se acostumbra a pasar la noche en tu cuarto mientras es un cachorro será muy difícil que se deshaga de ese hábito cuando crezca. Los perritos suelen llorar la primera noche porque extrañan a su mamá. No vayas a consolarlo cada vez que llorisquee,

o se acostumbrará a que lo hagas siempre. Pero sí puedes decir algunas palabras tranquilizadoras desde tu lugar. Para evitar que se sienta solo, intenta colocar dentro de su cama una botella de agua tibia envuelta en una toalla o una bolsa de agua caliente, y un reloj que haga el ruido del tic-tac. Esto imitará, de alguna manera, el calor y los latidos del corazón de su mamá.

 Luego de una o dos noches, tu cachorro se sentirá más cómodo y debería echarse a dormir sin llorar.

ENTRENAR A TU PERRITO

Educar a los cachorros para que hagan sus necesidades no es muy difícil, pero debes ser paciente y no esperar que lo entienda todo la primera vez que se lo enseñas. Si no logras que haga sus necesidades donde tú le indicas, no es que esté siendo rebelde o portándose mal... Simplemente no sabe cómo hacerlo mejor.

¡BIEN HECHO!

Para comenzar

Primero, enséñale a tu perrito a usar el papel periódico extendido en el suelo. Cuando creas que tiene ganas de hacer sus necesidades (y aquí es probable que lo veas llorar, caminar en círculos e incluso olfatear el suelo), levántalo, llévalo hasta el papel y haz que se quede allí hasta que haya terminado. Luego, felicítalo y juega con él. Elige una palabra para usar cuando tu cachorro vaya al baño. Usa siempre la misma palabra y él pronto la reconocerá y sabrá qué es lo que le estás pidiendo. Cuando reemplaces el papel, deja en su lugar un trocito del ya usado para que el olor le avise a tu perrito que debe volver a ese mismo sitio la próxima vez.

Ir afuera

Podrás correr el papel periódico cada vez más cerca de la puerta, en forma gradual, y luego sacarlo al jardín. Quizás, prefieras elegir un sitio en particular como baño de tu mascota. Comienza por llevarlo a esa área específica a primera hora en la mañana y cada vez que haya terminado de comer. Ya verás que comenzará a olfatear la puerta y ladrará cuando tenga la necesidad de salir.

Quizás, prefieras marcar un perímetro en el jardín como baño de tu mascota.

Vinagre

Toallas de papel

VINAGRE

Guantes de goma

¡Puede pasar!

Si el perrito hace sus necesidades directamente en el suelo, lava la zona con mucho cuidado y luego enjuágala con una mezcla de agua y vinagre (recuerda usar guantes de goma). El olor del vinagre ahuyentará al cachorro y no volverá a hacerlo en ese lugar. Si ves que el perrito sigue haciéndolo dentro de la casa, llévalo afuera rápidamente cuando empiece a hacer sus necesidades para que se acostumbre a usar el jardín como su área de baño. Si no llegaste a verlo justo en el momento, solo limpia el desastre y no lo reprendas ni lo castigues.

ALIMENTACIÓN

Si el criador no te dio instrucciones sobre cómo alimentarlo, entonces pídele asistencia a tu veterinario.

Para evitar que la comida le caiga mal, una vez que elijas qué le darás de comer, es importante que sigas esa dieta y nada más, a menos que haya algún problema o que tu veterinario te aconseje algún tipo de modificación. Si decides cambiar, hazlo gradualmente en un plazo de 10 días. El alimento de alta calidad fue pensado para brindarles todos los nutrientes que necesitan. Es muy difícil hablar de porciones o de tipos de alimento porque todos los perros son diferentes, pero asegúrate de seguir las instrucciones que figuran en el paquete. Podrías comenzar colocando un pocillo de alimento en cada comida. Si se come todo de una vez y parece seguir con hambre, entonces sabrás que necesita una porción más grande.

Elige un lugar tranquilo para alimentar a tu cachorro. No intentes jugar con él o interrumpirlo mientras esté comiendo. Una vez que haya terminado, limpia los restos de comida, pero siempre deja un tazón con agua fresca a su alcance.

¿Con qué frecuencia debo alimentarlo?

Los cachorros queman el doble de energía que los perros adultos, pero tienen estómagos más pequeños, así que necesitan comer poco pero seguido. No intentes darle de comer justo antes o después de haberse ejercitado.

 Hasta los 4 meses: 4 comidas al día

 De 4 a 6 meses: 3 comidas al día

 Después de los 6 meses: 2 comidas al día (dependiendo de la raza)

¿Cuáles son los prohibidos?

Evita darle a tu perrito lo que tú estés comiendo, ya que podrías acostumbrarlo a que luego te pida comida, incluso hasta podría contribuir a que suba excesivamente de peso. Jamás le des carne cruda, chocolate, cebolla, uvas o pasas de uva.

Bocadillos y premios

Trata de que no sean muchos. Sería mejor que los guardes para cuando quieras premiarlo por algo. Asegúrate de que sean saludables, como pequeños trozos de pollo, por ejemplo. No le des huesos, ya que los huesos podrían astillarse y lastimar su garganta o estómago. En su lugar, prueba darle un juguete de cuero especialmente diseñado para perros, que evitará incluso que se dañe los dientes.

¡No!

¡Sí!

Alimentar un perro adulto

Cuando tu perro haya crecido por completo (algo que generalmente sucede entre los 12 y los 18 meses), puedes comenzar a darle alimento para perros adultos en lugar de alimento para cachorros. Por lo general, cuanto más pequeño es el perro, más rápido alcanzará el tamaño de adulto. Recuerda elegir un alimento de buena calidad y asegúrate de que sea indicado para el tipo de perro que

tienes. Puede ser alimento enlatado o seco. Intenta no dejar la comida enlatada fuera por más de media hora, ya que podría pudrirse. Deja un tazón de agua fresca a su alcance todo el tiempo. Si tienes un perro grande o de tamaño mediano, el tazón debería estar un poco más alto del suelo para evitar que el perro trague aire al beber, lo que puede enfermarlo.

ENTRENAMIENTO DE OBEDIENCIA

Entrenar a un perro requiere tiempo y paciencia, pero vale la pena. Desde una edad muy temprana, puedes enseñarle órdenes simples, como "junto", "sentado", "quieto" y "ven aquí".

Collares y correas

Antes de comenzar el entrenamiento, necesitará acostumbrarse a caminar contigo. Tu cachorro podría comenzar a usar un collar a la edad de 3 meses. Poco a poco, sácalo a pasear con la correa durante algunos minutos todos los días. Es probable que no le guste al principio, y tal vez, tire de la correa y forcejee. Sé firme, pero no demasiado. Incentívalo a que te siga los pasos, mímalo y persuádelo.

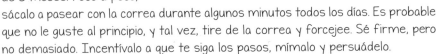

ALGUNOS TIPS

 Sé amable pero firme

 Usa siempre las mismas órdenes, o podrías confundirlo

 Trabaja para que aprenda una orden por vez

 No uses castigos. Solo felicítalo. Al principio, si quieres, puedes premiarlo con algún bocadillo si lo hace bien

 No lo sobreexijas. Unos 10 minutos de entrenamiento por día serán suficientes

Caminar junto a ti

Con el perro caminando justo detrás de ti, sostén la correa con una mano por delante de ti, y coloca la otra mano a la altura de la mitad de la correa para estar listo en caso de que debas sujetarlo con más firmeza o jalar para controlarlo. La correa debe ir floja. Si el perro no sigue caminando y se deja arrastrar, jala de la correa y di "junto".

Entrenarlo para que se siente

Sujeta la correa con una mano, presiona suavemente sus patas traseras con la palma de tu otra mano y dile "sentado". No presiones sobre su espalda, sino solo en el área cercana a la cola. De lo contrario, podrías lastimarlo.

Entrenarlo para que se quede quieto

Ponte frente a tu perro, levanta una mano (con la palma hacia él) y dile "quieto", mientras tú te alejas un paso o dos. Si el perro te sigue, di "no" y vuelve a intentarlo. Una vez que haya comprendido lo que tiene que hacer, intenta alejarte un poco más cada vez.

Entrenarlo para que se acerque

Colócate a una distancia corta, enfrentándolo, y dile "ven aquí" mientras le señalas tu regazo con ambas manos. Aumenta la distancia cuando ya haya entendido lo que le estás pidiendo. Cada vez que te alcance, festéjalo y prémialo con un bocadillo.

EJERCICIO AL AIRE LIBRE

Los perros necesitan ejercitarse para mantenerse saludables. También se aburren si los dejas dentro de la casa por mucho tiempo, así que es necesario que lo saques a pasear al menos una vez al día.

Habrá veces que no tengas ganas de sacarlo, pero cuando veas cómo mueve su cola de un lado a otro cuando tomas la correa, sabrás que vale la pena. Tú también puedes divertirte haciéndolo. Los perros tienen un gran sentido del olfato. Para ellos, gran parte del disfrute de salir a correr o a caminar es explorar y seguir aromas que les resulten interesantes. Algunos aman saltar, y otros adoran atrapar pelotas o *frisbees*. Pero no les arrojes ramas, porque estas podrían astillarse y causarles alguna herida mientras la sostienen entre sus dientes.

IMPORTANTE RECORDAR

🐾 Cuando vas por la calle, mantenlo sujeto con la correa; lo mismo si estás en el campo y hay rebaños de ovejas o ganado pastando.

🐾 Entrénalo para que se siente mientras esperas para cruzar la calle.

🐾 Debería llevar puesta una chapa de identidad con su nombre y tu número de teléfono.

🐾 No dejes que tu perro haga sus necesidades en el pavimento o en el parque. El excremento de los perros contiene gérmenes que pueden provocar enfermedades en los humanos. Así que, siempre lleva contigo una bolsa para recoger el excremento y deséchala en un recipiente de basura (en algunos lugares hay tachos especialmente diseñados para eso).

Responsabilidad

Tú eres responsable por el cuidado de tu mascota y también por su comportamiento en relación con las otras personas: recoge siempre su excremento y cuida que no provoque un accidente, ataque a una persona o a otro animal o, si viven en el campo, que no persiga a los animales de granja.

Chapas de identidad y microchips

No está bien (y hasta es ilegal en algunos lugares) dejar que tu perro deambule solo por la calle, ya que podría perderse o atropellarlo un auto. Pero también, existe la posibilidad de que salga a la calle sin que tú siquiera lo notes, así que asegúrate de que tenga una chapa de identidad en su collar. Si tu perro se libera de la correa y sale corriendo, no intentes perseguirlo, ya que tal vez crea que estás jugando con él. Llámalo por su nombre y corre en la dirección opuesta... ¡para hacer que él te corra a ti! Existe la posibilidad de colocarle un microchip. Si se pierde (y pierde su collar), aun así podrás rastrearlo y recuperarlo.

JUEGOS PARA DISFRUTAR JUNTOS

Los perros aman jugar con otros perros, con personas y con juguetes. Adentro o al aire libre, aquí tienes algunas ideas para jugar juntos.

Las escondidas

Escóndete en otra habitación o detrás de algún mueble y luego llámalo por su nombre. Felicítalo y festéjale cada vez que te encuentre. Incluso, podrías esconder alguno de sus juguetes favoritos en lugar de esconderte tú. Primero, muéstrale el juguete y, luego, colócalo en algún lugar que no lo pueda ver. Pídele que encuentre el juguete, dale pistas y guíalo. Cuando lo encuentre, festejen juntos.

¿En cuál?

En este juego, tu perro puede jugar al detective usando su excelente sentido del olfato. Coloca algunos recipientes boca abajo en el suelo. Uno de ellos esconderá algún trozo de comida o un juguete. Haz que olfatee los recipientes hasta que se detenga en el que tiene la sorpresa dentro. Una vez que él ya sepa qué hacer, sigue agregando recipientes para que sea cada vez más difícil el desafío.

Obstáculos en el jardín

Prepara un camino de obstáculos usando toallas y mantas enrolladas. Haz que tu perro lo recorra y pídele que salte los obstáculos. Una vez que se haya acostumbrado, haz que se coloque en uno de los extremos del recorrido y llámalo desde el otro.

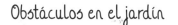

Carrera por la escalera

Si el día está feo afuera, esta es una buena manera de ayudar a tu perro a que use un poco de su energía, pero NO optes por este juego con perros que todavía no cumplieron un año (sus articulaciones no son tan fuertes aún como para recibir semejante impacto). Párate en la base de las escaleras y arroja un juguete a la parte superior, y espera a que tu perro se apresure a subir las escaleras para atraparlo.

ASEO

Acicalar a tu perro lo ayudará a mantenerse limpio y saludable.

El cepillado diario conservará su pelaje en buenas condiciones, evitando el polvo y los pelos sueltos, y además, será un masaje para su piel. Hazlo desde cachorro, para que aprenda a disfrutarlo. Empieza con un cepillo suave y asegúrate de que las sesiones de aseo sean cortas, al menos hasta que se acostumbre a ellas. ¡Y recuerda felicitarlo con frecuencia!

Perros de pelo largo

Si tu perro tiene pelo largo, deberás cepillarlo todos los días para evitar que su pelo se enrede. Primero, usa un peine o un cepillo con púas de punta redonda para desarmar cualquier nudo y, luego, termina con un cepillo de cerdas para dejar su pelaje brilloso. Siempre cepilla y peina en la dirección en que crezca el pelo, y ten cuidado de no arañarle la piel. También es recomendable llevarlo a un peluquero canino profesional de vez en cuando. Nunca uses tijeras para recortarle el pelo... ¡eso déjaselo a los profesionales!

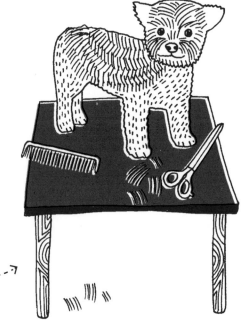

Perros de pelo corto

Los perros de pelo corto solo necesitan un cepillado semanal con un cepillo de cerdas, seguido de un guante de goma para aseo para remover cualquier pelo suelto.

Cosas para tener en cuenta

El momento de aseo te dará la posibilidad de buscar cualquier tipo de bulto, hinchazón, golpe o rasguño sobre la piel de tu perro, que tal vez requiera que vea el veterinario más adelante. También asegúrate de que sus orejas estén limpias por dentro, que sus patas no tengan cortes o que sus uñas no hayan crecido demasiado, y que no haya manchones de piel sin pelo. Todo eso podría necesitar alguna especie de tratamiento.

¡Sonríe!

Se recomienda que cepilles los dientes de tu perro dos veces a la semana usando pasta dental y un cepillo de dientes especial para perros. Solo necesitas cepillar las superficies externas, ya que tu perro usará su lengua para limpiar el resto.

Tu perro podría ponerse nervioso a la hora de bañarse, así que necesitará que le inspires confianza y lo llenes de elogios.

La hora del baño

Por lo general, un perro no necesita más de tres o cuatro baños anuales, pero si el tuyo huele mal, o se ha revolcado en algún lugar sucio, o si su pelaje es demasiado claro, bañarlo más seguido tampoco le hará daño. Necesitarás usar un champú especial según el tipo de pelaje. Usa agua templada, y asegúrate de que solo le llegue hasta la mitad de las patas. Moja el pelaje usando uno de esos accesorios de ducha desmontables o un recipiente de agua, luego enjabónalo y cuida que no le entre champú en los ojos o en las orejas. Enjuágalo con mucho cuidado, luego sécalo bien con una toalla y deja que se quede en algún lugar cálido hasta que esté completamente seco.

LA SALUD DE TU PERRITO

Hay algunas cosas que puedes hacer para asegurarte de que tu perro se mantenga saludable.

Si tu perro huele mal, no come o tiene diarrea durante un par de días, no pierdas tiempo y llévalo a tu veterinario. Incluso un perro que pareciera estar en forma debería ver al veterinario al menos una vez al año para un chequeo general y la actualización de vacunas.

Si tu perro está acostumbrado a que lo toquen y palpen, entonces no le importará ser examinado por el veterinario.

Vacunas

Puedes proteger a tu perro de enfermedades infecciosas a través de las vacunas. Un cachorro debe ser vacunado a las 8 semanas de haber nacido y luego, otra vez, a las 10 semanas (o al menos eso es lo que recomiendan los veterinarios); y después de eso, una vez al año. Las vacunas se dan a través de inyecciones. Es probable que se sienta algo molesto al principio, pero no debería sentirse mal después, aunque sí es posible que no coma por un día o dos. El veterinario te dará un certificado para corroborar que tu perro ha sido vacunado y te recordará cuándo debes darle la siguiente dosis.

Golpe de calor

Los perros no pueden transpirar para aplacar el calor, lo único que pueden hacer es jadear. Es por eso que, a veces, sufren golpes de calor. Jamás dejes a tu perro encerrado en un coche cuando hace calor, incluso si es con las ventanas bajas.

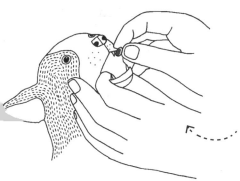

Lombrices

Las lombrices son unos pequeños parásitos que viven en los intestinos de los perros. De vez en cuando, deberás darle a tu perro antiparasitarios para mantenerlo saludable. Pídele consejo a tu veterinario sobre qué comprar y cada cuánto administrárselos. El criador debería haber tratado al perrito a las dos y cinco semanas de haber nacido, y otra vez a las ocho semanas.

Pulgas

Despulga a tu perro de manera regular, incluso si no crees que tenga pulgas. Deja que tu veterinario te indique qué producto adquirir, y seguramente será más efectivo que los tratamientos genéricos que se venden en las tiendas para mascotas.

Enfermedades

La mayoría de los perros vive entre diez y catorce años. Un día, tu perro podría enfermarse o tener un accidente, y sentir mucho dolor. El veterinario tal vez te aconseje que lo mejor que puedes hacer por él es sacrificarlo: darle una inyección que lo ayudará a morir sin dolor, como si se estuviese yendo a dormir. Esta decisión probablemente sea la más dura y triste que tú y tu familia vayan a tomar jamás, pero quizás también sea el gesto menos egoísta que puedas tener con él.

NUEVOS PERRITOS

Sí, será divertido si tu perra tiene cachorros, ¡pero también debes saber que significarán mucho trabajo extra!

Si tu perra está preñada, infórmate sobre cómo cuidar de tu perra y sus cachorros con algún libro especializado.

Tener o no tener cachorros

Muchas personas eligen esterilizar a sus perros: se trata de una intervención simple que hará que no puedan tener bebés.

Esto se hace, tanto en machos como hembras, para evitar que nazcan perritos que luego no podrán ser mantenidos. Si tienes un perro macho y no lo esterilizas, este podría escaparse para buscar una hembra y podría perderse o sufrir algún accidente. Si tu perro es de raza y quieres que tenga cachorros puros, necesitarás encontrarle una pareja de la misma raza.

Cuidar de una perra preñada

Si tu perra está preñada, deberás llevarla al veterinario para controlar que todo esté bien y que te digan qué hacer hasta que nazcan los bebés. Durante las primeras cuatro semanas de embarazo, comerá normalmente, pero recuerda que tendrá bebés creciendo en su vientre, así que deberás servirle porciones más grandes de comida. También necesitará nutrientes extra, por lo que se recomienda volver gradualmente a una alimentación para cachorros.

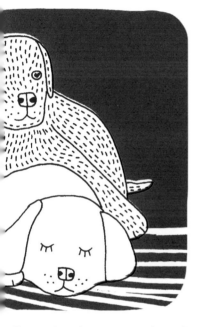

ALGUNOS DATOS

🐾 Duración la preñez: unas 9 semanas

🐾 Número de perritos por camada:

Perros pequeños: 1 a 6

Perros grandes: 5 a 12

🐾 Los ojos de los cachorritos se abrirán entre los 10 y 12 días

🐾 Los cachorritos pueden alejarse de su mamá luego de las 8–12 semanas

🐾 La mejor edad para que una perra tenga sus primeros cachorros: 1 año y medio

Durante el nacimiento y después

Las perras suelen parir con bastante facilidad, así que es muy probable que no necesiten ayuda para hacerlo. Sin embargo, tú querrás estar allí para inspirarle confianza y tranquilidad. Obsérvala con atención durante la primera semana luego de haber parido para asegurarte de que no haya señales de ningún tipo de enfermedad o malestar. Luego, unas tres semanas más tarde, llévala al veterinario con sus cachorros para un control.

Durante las primeras cuatro semanas, los cachorros necesitarán solo la leche de su mamá, pero pasado ese tiempo puedes comenzar a destetarlos y servirles sólidos también. Cuando una perra está amamantando, necesita comer mucho, así que aumenta el número de porciones que le sirvas al día. ¡Y disfruta este momento especial de ver cómo los nuevos perritos corren y aprenden a explorar el mundo!

ÍNDICE

Alimentación 13, 18–19

Animales de granja 8, 22–23

Aseo 6, 11, 26–27

Beagle 9

Bocadillos 19, 20–21

Bolso transportador 14

Cama 10, 14–15

Camadas 31

Cavalier King Charles 9

Cepillado 26–27

Chapa de identidad 22–23

Chequeos 28–29

Collar y correa 20–21

Cruzar la calle 22

Cruzas de razas 7, 12

Dachshund (perro salchica) 9

Destete 31

Diarrea 13, 28

Dientes, cepillado 27

Dormir 14–15

Ejercicio 6, 8–9, 22

Enfermedad 28–29

Entrenamiento de obediencia 20–21

Entrenamiento en la casa 16–17

Esterilización 6, 30

Excrementos 16–17, 22–23

Extraviarse 23, 30

Golpe de calor 29

Guardería 5

Hora del baño 27

Huesos 19

Jardín 10, 14, 17

Juegos 24–25

Juguetes 11, 19, 24–25

Labrador 6, 9

Lombrices 29

Mestizos 7, 12

Microchip 23

Nacimiento 30–31

Pedigrí 7, 13, 30

Perros de caza 8–9

Perros de compañía 8–9

Perros de pelo corto 26

Perros de pelo largo 26

Perros de trabajo 8

Preñez 30–31

Preparación del hogar 10

Prohibidos 19

Pulgas 29

Razas 7, 8–9

Razas pequeñas 8–9

Sabuesos 8

Salud 13, 22, 26–27, 28–29

Seguridad 23

Señales de enfermedad 13, 27

Terrier tibetano 8

Terriers 8

Vacaciones 5

Vacunación 5, 13, 14, 28

Veterinario 5, 12–13, 18, 27, 28–29, 31

Viajar 14